GUADAGNARE ONLINE DA CASA

Il potere dei social media

Veronica Grieco

INDICE DEI CONTENUTI

INTRODUZIONE

INTRODUZIONE

Benvenuto!

Mi chiamo Veronica e in questo libro ti spiegherò come guadagnare online grazie ai social.

Nel mondo sempre più connesso di oggi, non è solo una possibilità, ma una realtà per molti.

Questa guida è stata pensata per tutte le persone che vogliono trasformare il passatempo sui social in una fonte di reddito lavorando comodamente da casa. Che tu sia un principiante nei social media o un esperto in cerca di nuove strategie, questo eBook ti fornirà gli strumenti e le conoscenze necessarie per avviare il tuo business online sfruttando diverse piattaforme.

Le opportunità di guadagno attraverso i social media si sono ampliate notevolmente negli ultimi anni, grazie alle principali piattaforme come Instagram, YouTube, Facebook e TikTok.

Il panorama digitale offre infinite opportunità. Che tu voglia diventare un influencer, un consulente di social media, un creatore di contenuti o sviluppare un business online, i social media sono uno strumento potente che può trasformare la tua visione in realtà.

Investire in formazione continua, partecipare a workshop, leggere libri e seguire corsi online aiuta a rimanere al passo con le migliori pratiche e le nuove tecniche. La conoscenza è un asset prezioso che può dare un vantaggio competitivo e migliorare le possibilità di successo.

Perché scegliere di lavorare da casa?

Le piattaforme digitali consentono di lavorare in modo flessibile, adattando le attività alle tue esigenze e al tuo orario. È particolarmente vantaggioso per coloro che cercano un equilibrio tra lavoro e vita personale.

Con i social media puoi raggiungere un pubblico globale senza dover uscire di casa. Questo amplia significativamente le opportunità di business e di guadagno.

Affidarsi a una sola fonte di reddito può essere rischioso. Al contrario, diversificare le entrate è una strategia intelligente che garantisce stabilità finanziaria. Oltre a monetizzare direttamente i social media attraverso pubblicità e sponsorizzazioni, considera altre opzioni come la vendita di prodotti o servizi, il lancio di corsi online, il mentoring o il freelancing. Questa combinazione di fonti di reddito diverse ti offrirà una maggiore sicurezza economica.

Avviare un'attività online spesso richiede costi operativi inferiori rispetto a un'attività fisica. Puoi ridurre o eliminare i costi di affitto, logistica e altri oneri associati a un'impresa tradizionale.

Inoltre, questo tipo di lavoro consente di adattarsi rapidamente ai cambiamenti del mercato e alle nuove tendenze. Puoi testare e implementare idee in modo più agile rispetto a molte attività tradizionali.

Tramite internet puoi accedere a risorse educative e formative per migliorare le tue competenze. Questo continuo sviluppo personale può aumentare il tuo valore sul mercato.

Lavorare da casa spesso riduce la necessità di spostamenti, contribuendo a un minore impatto ambientale e promuovendo un modello di lavoro sostenibile.

Ma adesso, andiamo ad esplorare nel dettaglio tutte queste possibilità di guadagno online!

CAPITOLO 1:

Introduzione al Guadagno Online con i Social Media

CAPITOLO 1: INTRODUZIONE AL GUADAGNO ONLINE CON I SOCIAL MEDIA

Il ruolo di Instagram, YouTube e TikTok nel panorama digitale attuale

Nel primo capitolo di questo ebook, ci immergiamo nel vibrante mondo dei social media, focalizzandoci su tre giganti del panorama digitale: Instagram, YouTube e TikTok. Ogni piattaforma, con le sue peculiarità e il suo pubblico specifico, ha ridefinito il modo in cui interagiamo, condividiamo contenuti e facciamo affari online. Instagram, con la sua estetica visiva e la sua comunità dedicata, è diventato un terreno fertile per influencer e brand che vogliono raggiungere un pubblico ampio e impegnato. YouTube, da parte sua, continua a essere la piattaforma preferita per video di lunga durata, offrendo opportunità senza pari per la creazione di contenuti approfonditi, l'educazione e l'intrattenimento, mentre TikTok ha rivoluzionato il modo in cui il contenuto breve e virale può essere sfruttato per un rapido engagement. Questi canali non sono semplicemente piattaforme per la condivisione di contenuti; sono diventati potenti strumenti per costruire brand personali, lanciare campagne pubblicitarie innovative e, soprattutto, per aprire nuove vie di guadagno.

Comprendi il potenziale di guadagno

Capire il potenziale di guadagno di queste piattaforme è fondamentale per chiunque desideri avventurarsi nel mondo del guadagno online. Da sponsorizzazioni e collaborazioni con i brand a strategie di monetizzazione diretta, come i programmi AdSense di YouTube o i Live Gifts di TikTok, le opportunità sono variegate e in continua evoluzione.

Con l'Influencer Marketing puoi costruire una community su piattaforme come Instagram, YouTube o TikTok e collaborare con marchi interessati a promuovere i loro prodotti o servizi attraverso il tuo pubblico. Gli influencer spesso guadagnano proprio tramite sponsorizzazioni e collaborazioni di questo genere.

Attraverso l'Affiliate Marketing puoi partecipare a programmi di affiliazione e promuovere prodotti o servizi tramite i tuoi account social. Guadagnerai una commissione per ogni acquisto generato attraverso i tuoi link di affiliazione.

Puoi offrire servizi di creazione di contenuti digitali come grafica, video editing o scrittura di testi, oppure creare contenuti UGC: molte aziende pagano per i contenuti UGC (User-Generated Content) come parte delle loro strategie di marketing.

Puoi avviare un'attività di dropshipping o un negozio online e promuovere i tuoi prodotti o servizi attraverso i social media.

Se hai competenze specifiche, puoi creare corsi online e promuoverli attraverso i social media, oppure offrire servizi di consulenza o coaching.

Come vedi, le opportunità sono tante e diverse fra poco. Nei capitoli successivi, scopriremo come queste piattaforme funzionano non solo come spazi per l'espressione creativa ma anche come motori di un'economia digitale in rapida crescita, offrendo percorsi tangibili per trasformare la creatività e l'ingegno in reddito reale.

CAPITOLO 2:

Esploriamo i social media del momento: Instagram, YouTube e TikTok!

CAPITOLO 2:

ESPLORIAMO I SOCIAL MEDIA DEL MOMENTO: INSTAGRAM, YOUTUBE E TIKTOK!

In prima battuta, ci concentriamo su come padroneggiare l'arte di Instagram, una piattaforma dove l'estetica visiva e l'autenticità si fondono per creare un potente strumento di marketing e guadagno. Iniziamo esplorando come creare un profilo accattivante, elemento cruciale per attirare e mantenere l'attenzione del pubblico.

Un profilo ben curato non è solo una vetrina del tuo brand personale o aziendale, ma racconta una storia, trasmettendo la tua unicità e i tuoi valori. Proseguendo, esaminiamo le strategie di contenuto ed engagement: capire la tua nicchia, pubblicare contenuti di alta qualità che risuonino con il tuo pubblico e utilizzare hashtag mirati sono solo alcune delle tattiche per aumentare l'interazione e la visibilità. Una parte fondamentale del successo su Instagram è costruire un seguito fedele, che richiede costanza, autenticità e la capacità di stabilire una connessione emotiva con i tuoi follower. Infine, ci addentreremo nel mondo della monetizzazione. Instagram offre diverse vie per guadagnare, dalle sponsorizzazioni e collaborazioni con i brand, dove la tua credibilità e influenza possono essere trasformate in opportunità di guadagno, fino alle strategie di vendita diretta e programmi di affiliazione. In questo capitolo ti fornirò gli strumenti e le conoscenze per trasformare il tuo account Instagram in una fonte di reddito dinamica e prospera.

Instagram: Crea un Profilo Accattivante

Avere un profilo accattivante è fondamentale per distinguersi e attirare l'attenzione del pubblico giusto. Ti guiderò nella creazione di un profilo Instagram che non solo catturi lo sguardo ma racconti anche efficacemente la tua storia o quella del tuo brand.

Instagram è una piattaforma basata sull'immagine, quindi l'estetica visiva del tuo profilo è cruciale. Devi scegliere un tema o uno schema di colori coerente per le tue foto e i tuoi post. Questo non solo rende il tuo feed gradevole alla vista, ma aiuta anche a costruire il tuo brand personale. Che tu opti per un look minimalista, vibrante o artistico, la coerenza è la chiave per rendere il tuo profilo memorabile.

La tua foto del profilo è il primo punto di contatto con potenziali follower. Scegli un'immagine che rappresenti chiaramente te stesso o il tuo marchio. Se sei un individuo, un ritratto chiaro e professionale funziona meglio. Per un brand, usa il logo aziendale per facilitare il riconoscimento.

La biografia offre una preziosa opportunità di comunicare chi sei e cosa fai in poche parole. Usa un linguaggio chiaro e diretto, includendo parole chiave pertinenti al tuo settore. Non dimenticare di aggiungere un tocco personale o un richiamo all'azione, come un link al tuo sito web o a una pagina di prodotto.

Le Instagram Stories sono un ottimo modo per mostrare la personalità dietro il tuo profilo. Utilizzale per condividere momenti quotidiani, dietro le quinte, o annunci speciali. Gli Highlights possono essere utilizzati per archiviare storie importanti che i visitatori possono visualizzare in qualsiasi momento, offrendo una panoramica immediata di ciò che offri.

La qualità e la pianificazione dei contenuti sono essenziali. Investi tempo nella creazione di contenuti che parlino al tuo target di pubblico. Usa strumenti di pianificazione per mantenere una programmazione costante dei post, garantendo che il tuo feed rimanga attivo e coerente.

Infine, l'engagement è fondamentale. Rispondi ai commenti, interagisci con i follower e partecipa alle conversazioni pertinenti. Questo non solo aumenta la visibilità del tuo profilo ma costruisce anche una comunità attorno al tuo brand.

Ricorda, l'engagement su Instagram è costruito su due pilastri fondamentali: contenuti di alta qualità e interazione autentica. Con una strategia ben pensata e un impegno costante, puoi trasformare il tuo profilo Instagram in una fonte inesauribile di coinvolgimento e interesse.

Strategie di Contenuto ed Engagement

Su Instagram il successo si misura non solo in termini di follower ma soprattutto in base al livello di engagement che si riesce a creare. Di seguito ti svelerò delle strategie efficaci per creare contenuti di valore e aumentare l'engagement, elementi chiave per trasformare il tuo profilo in una piattaforma influente e coinvolgente.

Il primo passo nel creare una strategia di contenuto vincente è comprendere chiaramente il tuo pubblico. Quali sono i loro interessi? A quali orari sono più attivi su Instagram? Utilizza gli strumenti analitici per ottenere informazioni sui tuoi follower e personalizza i tuoi contenuti per risuonare con il loro stile di vita e interessi.

La coerenza è fondamentale. Pianifica i tuoi post in modo da mantenere una presenza costante sul feed dei tuoi follower. Questo non significa solo pubblicare regolarmente, ma anche mantenere una coerenza stilistica e tematica, in modo da creare un marchio visivo riconoscibile.

Concentrati sulla creazione di contenuti che siano non solo esteticamente piacevoli ma anche informativi, divertenti o ispiratori. La qualità deve sempre prevalere sulla quantità. Sperimenta con vari formati - immagini, video, caroselli, Reels - per vedere cosa risuona di più con il tuo pubblico.

Gli hashtag sono un potente strumento per raggiungere

un pubblico più ampio. Usa quelli rilevanti e specifici per il tuo settore e considera l'aggiunta di geotag per aumentare la visibilità in determinate aree geografiche. Tuttavia, evita di usare hashtag troppo popolari che potrebbero far perdere i tuoi post nella massa.

L'engagement non è un gioco a senso unico. Interagire con i tuoi follower, rispondere ai commenti e commentare i post di altri utenti nel tuo settore aumenta la visibilità e crea una comunità attorno al tuo brand. Partecipa attivamente e autenticamente alle conversazioni per costruire rapporti duraturi.

Le Storie e i Reels offrono modi dinamici e coinvolgenti per interagire con il tuo pubblico. Utilizza questi strumenti per mostrare un lato più personale o dietro le quinte del tuo brand, avviare sondaggi, Q&A e condividere contenuti user-generated.

P.S: Per creare Reels potenzialmente virali dai un'occhiata alla guida che ho creato, la trovi qui https://linktr.ee/ veronicagri_.

Infine, analizza regolarmente le prestazioni dei tuoi contenuti. Instagram Insights fornisce dati preziosi su reach, impression, engagement rate e molto altro. Utilizza queste informazioni per affinare la tua strategia e adattare i tuoi contenuti alle preferenze del tuo pubblico.

Monetizza attraverso Sponsorizzazioni, Affiliati e Vendita Diretta

La monetizzazione su Instagram è diventata una componente essenziale per coloro che desiderano trasformare la propria presenza online in un'opportunità di reddito. In questo paragrafo esploreremo tre strategie chiave per monetizzare il tuo account: sponsorizzazioni, affiliazioni e vendita diretta.

Le sponsorizzazioni rappresentano una fonte significativa di reddito per molti creatori di contenuti su Instagram. Collaborare con brand rilevanti al tuo pubblico può portare a compensazioni finanziarie in cambio di post sponsorizzati. Prima di accettare una sponsorizzazione, assicurati che il brand si allinei ai valori del tuo account per mantenere la fiducia dei tuoi follower.

L'affiliazione consente di guadagnare una commissione su ogni vendita generata attraverso il tuo link. Promuovi prodotti o servizi che ritieni siano di valore per il tuo pubblico e crea contenuti persuasivi che evidenzino i benefici. La trasparenza è fondamentale; informa i tuoi follower dell'affiliazione e cerca di offrire sconti esclusivi per incentivare l'acquisto.

La vendita diretta è una strategia potente per coloro che hanno prodotti o servizi da offrire. Utilizza Instagram Shopping per etichettare e vendere i tuoi prodotti direttamente attraverso la piattaforma. Crea un negozio online integrato nel tuo profilo e sfrutta le Instagram Stories e le pubblicazioni per promuovere i tuoi prodotti in modo creativo.

Indipendentemente dalla strategia di monetizzazione che scegli, coinvolgi attivamente il tuo pubblico. Chiedi feedback sui prodotti sponsorizzati, crea sondaggi per capire le preferenze dei tuoi follower e rispondi alle domande riguardo ai prodotti in vendita. Questo coinvolgimento contribuirà a mantenere la fiducia del tuo pubblico e potrebbe portare a maggiori opportunità di monetizzazione in futuro.

La trasparenza è essenziale quando si tratta di partnership di monetizzazione. Dichiarare apertamente quando un post è sponsorizzato o contiene link di affiliazione mantiene una relazione onesta con il tuo pubblico. Evita di promuovere prodotti che non corrispondono ai tuoi valori o che potrebbero risultare dannosi per i tuoi follower.

Analizza costantemente le performance delle tue strategie di monetizzazione. Utilizza analisi dettagliate per capire quali partnership sono più redditizie e adatta la tua strategia di conseguenza. L'ottimizzazione continua è fondamentale per massimizzare il potenziale di guadagno.

La monetizzazione su Instagram richiede una combinazione di creatività, autenticità e gestione oculata delle partnership. Sfrutta al massimo le opportunità offerte dalla piattaforma per creare un flusso di reddito sostenibile e costruisci un rapporto di fiducia duraturo con il tuo pubblico.

Ricorda, un profilo Instagram accattivante non è solo una questione di belle immagini; è una combinazione di estetica, coerenza, contenuto di qualità e interazione genuina. Con questi elementi in atto, sei sulla strada giusta per costruire un profilo Instagram che non solo attiri l'attenzione ma la mantenga nel tempo.

YouTube: Crea e Ottimizza il Tuo Canale

La chiara identità del canale è fondamentale per attrarre e trattenere gli spettatori. Scegli un nome memorabile e coerente con il tema del tuo contenuto. Personalizza il logo e l'immagine di copertina in modo che riflettano l'estetica del tuo brand. Una forte identità visiva contribuisce a distinguere il tuo canale nella vastità di YouTube.

La descrizione del canale è la tua opportunità di presentarti agli spettatori. Sii chiaro riguardo al tipo di contenuto che offri, le tue frequenze di caricamento e le tue tematiche principali. Includi anche i link ai tuoi social media e altri canali correlati.

Sfrutta le sezioni del tuo canale per organizzare i video in categorie tematiche. Ciò agevola la navigazione per gli spettatori e permette loro di trovare rapidamente i contenuti di loro interesse. Ad esempio, puoi creare sezioni come "Video Popolari" o "Playlist Consigliate". Ciò non solo agevola la fruizione continua del contenuto da parte degli spettatori, ma può anche aumentare il tempo di visualizzazione complessivo del tuo canale, un elemento fondamentale per l'algoritmo di YouTube.

Imposta un video in primo piano per catturare l'attenzione degli spettatori appena visitano il tuo canale. Scegli un video rappresentativo del tuo stile e della tua tematica principale. Questa funzione è un'opportunità per conquistare nuovi spettatori fin dai primi istanti.

Prima di caricare un video, esegui una ricerca approfondita delle parole chiave relative al tuo contenuto. Poi, inseriscile nel titolo, nella descrizione e nei tag del video per massimizzare la visibilità nei risultati di ricerca di YouTube.

Le miniature dei video sono la vetrina visiva del tuo contenuto. Crea miniature accattivanti e coerenti con il tuo stile. Utilizza immagini chiare e testo leggibile per invogliare gli spettatori a fare clic sul tuo video.

Incorpora chiamate all'azione per coinvolgere attivamente gli spettatori. Chiedi loro di mettere "mi piace", commentare, condividere e iscriversi al canale. Le interazioni positive aiutano a migliorare la visibilità dei tuoi video nell'algoritmo di YouTube.

Utilizza le analisi di YouTube per valutare le performance dei tuoi video. Analizza metriche come il tempo di visualizzazione, la retention rate e l'engagement del pubblico. Queste informazioni guidano le tue decisioni future e ti aiutano a capire cosa funziona meglio per il tuo pubblico.

Il mondo di YouTube è dinamico, e le tendenze cambiano rapidamente. Resta aggiornato sulle novità nel tuo settore e adatta il tuo contenuto di conseguenza. Sii flessibile e pronto a innovare per mantenere il tuo canale rilevante nel tempo.

La creazione e l'ottimizzazione di un canale YouTube richiedono attenzione ai dettagli e adattabilità. Costruisci una presenza distintiva, ottimizza i tuoi video per la visibilità e rimani impegnato nell'analisi e nell'adattamento continuo. Con il giusto mix di creatività e strategia, il tuo canale può diventare una risorsa preziosa per una vasta audience.

Tecniche di Produzione Video e Storytelling

Il primo passo verso il successo su questa piattaforma è la qualità dei video, di conseguenza, investire in una buona attrezzatura è essenziale. Una telecamera di qualità, luci adatte e un audio chiaro sono elementi chiave. Tuttavia, non è sempre necessario avere l'attrezzatura più costosa all'inizio; con il tempo, puoi migliorare e aggiornare gradualmente.

La corretta illuminazione è fondamentale: sfrutta la luce naturale o investi in luci artificiali per garantire che il tuo viso sia ben illuminato e che non ci siano ombre fastidiose. Illuminare bene lo sfondo può anche migliorare l'aspetto generale.

Un audio di qualità è altrettanto importante quanto una buona immagine. Utilizza un microfono esterno per ridurre i rumori di fondo e garantire un audio chiaro e nitido. Presta attenzione all'acustica del luogo in cui registri per ridurre l'eco o altri disturbi sonori.

Cattura l'attenzione degli spettatori fin dall'inizio con un'introduzione coinvolgente. Utilizza sequenze accattivanti, domande intriganti o dichiarazioni audaci per stimolare l'interesse. Una buona introduzione stabilisce il tono del tuo video e convince gli spettatori a rimanere.

Struttura il contenuto in modo chiaro e logico. Evita divagazioni e mantieniti focalizzato sul messaggio principale del video. Utilizza sequenze di montaggio fluenti per mantenere l'attenzione degli spettatori e alterna tra piani ravvicinati e ampi per mantenere dinamico il tuo video.

Concludi il tuo video con una sintesi chiara del messaggio principale e incentiva gli spettatori a compiere azioni specifiche, come mettere "mi piace", commentare o iscriversi al canale. Crea un senso di chiusura soddisfacente per garantire un'esperienza di visualizzazione positiva.

Trova il tuo stile narrativo unico. Che tu sia un esperto, un appassionato o un narratore creativo, individua la tua voce e mantienila costante nei tuoi video. Gli spettatori apprezzano una connessione autentica e duratura.

Adotta una struttura narrativa chiara nei tuoi video. Introduci il problema o la situazione, sviluppa la trama con dettagli interessanti e risolvi il tutto con una conclusione soddisfacente. Un buon storytelling tiene gli spettatori coinvolti dall'inizio alla fine.

Integra elementi visivi: clip di archivio, immagini, animazioni e grafica possono migliorare la tua narrazione e mantenere il pubblico impegnato. Bilancia questi elementi in modo che siano complementari alla tua storia.

Mostra interesse per il feedback degli spettatori rispondendo ai commenti. Questo non solo aumenta l'interazione sul tuo video, ma crea anche un senso di connessione tra te e il tuo pubblico.

Utilizza le analisi di YouTube per monitorare il comportamento degli spettatori. Analizza il tempo di visualizzazione, la retention rate e i commenti per valutare l'efficacia della tua produzione video e storytelling.

Sii disposto a imparare e adattare la tua tecnica in base ai feedback e alle metriche di performance. La capacità di migliorare costantemente è fondamentale per crescere su YouTube e mantenere un pubblico fedele.

Con un'attenta produzione video e uno storytelling coinvolgente, puoi creare un canale YouTube che si distingue e si connette con il pubblico. Sperimenta, apprendi dai tuoi successi e dalle tue sfide, e mantieni sempre una connessione autentica con il tuo pubblico.

Idee per Monetizzare su YouTube

Programma di Adesione al tuo Canale

Introduci il Programma di Adesione a Canale di YouTube, che consente ai fan di sottoscrivere un canale a pagamento per ricevere vantaggi esclusivi come emoticon personalizzati, accesso a contenuti riservati e badge distintivi nei commenti. Questo può fornire un flusso di entrate mensili costante.

Sponsorizzazioni e Collaborazioni

Cerca sponsorizzazioni e collaborazioni con brand pertinenti al tuo contenuto. Offri loro visibilità nei tuoi video o nelle descrizioni in cambio di compensazioni finanziarie. Assicurati che i brand siano in linea con i valori del tuo canale per mantenere la fiducia del pubblico.

Vendita di Merchandising

Crea e vendi merchandising personalizzato come magliette, tazze o altri articoli correlati al tuo brand. Promuovi i prodotti nei tuoi video e nelle descrizioni, sfruttando l'opzione di merchandising integrato di YouTube o piattaforme esterne come Teespring.

Corsi e Consulenze Online

Se sei esperto in un determinato campo, offri corsi online o servizi di consulenza correlati ai tuoi contenuti. Puoi utilizzare piattaforme come Patreon o creare corsi su siti dedicati per guadagnare attraverso le competenze che hai acquisito.

Affiliate Marketing

Partecipa a programmi di affiliazione e promuovi prodotti o servizi attraverso link affiliati nei tuoi video e nelle descrizioni. Guadagnerai una commissione per ogni vendita generata attraverso i tuoi link affiliati. Assicurati che i prodotti siano rilevanti per il tuo pubblico.

Live Streaming e Donazioni

Utilizza la funzione di live streaming di YouTube per interagire in tempo reale con il tuo pubblico. Durante le trasmissioni, incoraggia le donazioni dai tuoi spettatori attraverso funzioni come Super Chat o piattaforme esterne come PayPal. Offri vantaggi esclusivi ai donatori per stimolare la partecipazione.

Contenuti Esclusivi su Patreon

Crea un account su Patreon e offri contenuti esclusivi ai tuoi sostenitori. Questa piattaforma permette agli spettatori di pagare una somma mensile per accedere a contenuti speciali, anteprime esclusive o sessioni di Q&A riservate.

Servizi di Editing e Consulenza

Se hai abilità di editing video avanzate, offri servizi di editing a altri creatori di contenuti o aziende. Puoi anche fornire consulenze su miglioramenti tecnici e strategie di crescita per canali YouTube.

Sponsorizzazioni di Eventi o Livestreaming

Collabora con brand che potrebbero essere interessati a sponsorizzare eventi speciali o sessioni di live streaming sul tuo canale. Questo può includere interviste, eventi dal vivo o iniziative di beneficenza, offrendo visibilità al marchio in cambio di supporto finanziario.

Contenuti Premium

Crea una sezione di contenuti premium sul tuo canale, accessibile solo a chi paga una tariffa mensile. Assicurati che questi contenuti siano di alta qualità e offrano un valore significativo per giustificare l'investimento degli spettatori.

Sperimenta diverse strategie di monetizzazione su YouTube e trova quelle che meglio si adattano al tuo pubblico e al tuo stile. Mantieni sempre la trasparenza e la coerenza per costruire una relazione di fiducia con il tuo pubblico mentre sviluppi la tua fonte di reddito su YouTube.

Monetizza tramite AdSense, Sponsorizzazioni e Contenuti Premium

Monetizzazione attraverso Google AdSense

Abilita la monetizzazione del tuo canale YouTube attraverso Google AdSense per guadagnare tramite gli annunci visualizzati nei tuoi video. Configura attentamente le opzioni di pubblicità, assicurandoti che siano ben integrate nei tuoi contenuti senza compromettere l'esperienza degli spettatori.

Utilizza le analisi di YouTube per monitorare le performance degli annunci. Analizza il CPM (costo per mille impressioni), il CPC (costo per clic) e la retention rate. Queste metriche ti aiuteranno a capire quali tipi di annunci funzionano meglio per il tuo pubblico e come ottimizzare i guadagni.

Sponsorizzazioni da Parte di Brand

Cerca collaborazioni con brand che siano in linea con il tuo pubblico e la tua nicchia di contenuti. Offri pacchetti di sponsorizzazione che includano menzioni nei video, integrazioni creative o la presenza nei tuoi post sui social media. Tratta con trasparenza e integrità per mantenere la fiducia degli spettatori.

Determina il tuo valore di sponsorizzazione considerando il tuo pubblico, l'engagement e la visibilità del tuo canale. Misura le metriche di performance delle tue sponsorizzazioni passate per stabilire tariffe competitive che riflettano il valore che porti ai brand.

Contenuti Premium e Membership

Offri contenuti premium riservati agli iscritti del tuo canale. Ciò può includere video esclusivi, anteprime anticipate, o accesso a una community dedicata. Utilizza la funzione di Adesione a Canale di YouTube per offrire questi benefici esclusivi.

Crea livelli di adesione con vantaggi crescenti a seconda del livello di supporto finanziario offerto dagli spettatori. Assicurati che ogni livello offra un valore aggiunto, incentivando gli spettatori a sostenerti a livelli più elevati.

Strategie Integrate

Combina le diverse fonti di monetizzazione in modo equilibrato. AdSense fornisce un flusso costante di entrate tramite annunci, mentre sponsorizzazioni e contenuti premium possono generare entrate più significative ma occasionali. La diversificazione riduce il rischio di dipendere esclusivamente da una singola fonte di guadagno.

Mantieni la trasparenza con il tuo pubblico riguardo alle diverse fonti di guadagno. Comunica chiaramente quando un video è sponsorizzato, spiega i benefici dei livelli di adesione e assicurati che gli spettatori comprendano come il loro supporto contribuisca a migliorare la qualità dei contenuti.

Adattati Continuamente

Analizza regolarmente le performance delle diverse. Valuta il rendimento degli annunci AdSense, l'efficacia delle sponsorizzazioni e l'adesione ai livelli premium. Queste analisi guidano la tua strategia futura e ti consentono di ottimizzare le tue entrate.

Resta aggiornato sulle tendenze di YouTube e del tuo settore. Ascolta il feedback degli spettatori e adatta le tue strategie di monetizzazione di conseguenza. La capacità di evolversi con il tempo è fondamentale per il successo continuo sulla piattaforma.

Integrando in modo efficace AdSense, sponsorizzazioni e contenuti premium, puoi massimizzare il potenziale di guadagno del tuo canale YouTube. Costruisci relazioni autentiche con il tuo pubblico, offri valore e continua a perfezionare la tua strategia di monetizzazione per garantire il successo a lungo termine.

TikTok: Crea il Tuo Account Vincente

Prima di creare il tuo account su TikTok, prenditi del tempo per comprendere la piattaforma. Esplora i diversi tipi di contenuti, hashtag popolari e tendenze. Una comprensione approfondita ti aiuterà a creare contenuti che si integrano bene con la dinamica della piattaforma.

Identifica la tua nicchia di contenuto. Che tu sia appassionato di cucina, musica, comicità o qualsiasi altra cosa, definire chiaramente la tua nicchia ti aiuterà a raggiungere un pubblico più specifico e ad attirare seguaci interessati al tuo contenuto.

La tua immagine del profilo e la breve descrizione sono essenziali. Utilizza un'immagine chiara e accattivante e scrivi una descrizione che rifletta la tua personalità o la tua nicchia. Un profilo ben curato incoraggia gli utenti a seguire e interagire con il tuo account.

Partecipa alle tendenze e utilizza hashtag popolari per aumentare la visibilità del tuo contenuto. Esplora la pagina "Scopri" per rimanere aggiornato sulle tendenze del momento e trova modi creativi per incorporarle nei tuoi video.

Sviluppa un'estetica coerente e uno stile di video riconoscibile. Potrebbe essere un formato specifico, una colonna sonora ricorrente o un tema visivo distintivo. Una coerenza visiva e tematica rende il tuo account più memorabile per gli spettatori.

Rispondi ai commenti, segui altri creatori interessanti e partecipa alle sfide e ai duetti. L'interazione attiva con la community contribuisce a creare un senso di appartenenza e può portare a una maggiore visibilità del tuo account.

La creatività è fondamentale su TikTok. Crea contenuti originali, coinvolgenti e unici che si distinguano dalla massa. Utilizza effetti speciali, filtri e strumenti di editing per rendere i tuoi video più interessanti.

Mantieni una frequenza costante di caricamento dei tuoi video, cercando di mantenere un equilibrio tra quantità e qualità. Identifica gli orari in cui il tuo pubblico è più attivo e pianifica i tuoi caricamenti in modo strategico per massimizzare la visibilità.

Coinvolgiti in collaborazioni con altri creatori e partecipa ai duetti. Questa è un'ottima opportunità per allargare il tuo pubblico e creare connessioni all'interno della community di TikTok.

Utilizza le analisi per monitorare le performance dei tuoi video. Analizza le visualizzazioni, i like e i commenti per capire cosa funziona meglio per il tuo pubblico. Ottimizza continuamente la tua strategia in base ai dati raccolti.

Creare un account vincente su TikTok richiede una combinazione di creatività, coerenza e comprensione della community. Sfrutta appieno le funzionalità uniche di TikTok per creare contenuti coinvolgenti e fatti notare sulla piattaforma.

Sfrutta la Viralità e la Creatività su TikTok

TikTok utilizza un algoritmo potente per la sua "For You Page" (FYP), che mostra video a utenti basandosi su preferenze, interazioni e trend. Comprendere come funziona questo algoritmo è cruciale. Contenuti coinvolgenti, like, condivisioni e commenti possono aumentare la visibilità del tuo video sulla FYP, contribuendo alla sua viralità.

Le tendenze e le sfide (chiamate challenge) sono centrali su questo social. Parteciparvi è un modo efficace per inserirsi nella cultura della piattaforma e aumentare la possibilità di viralità. Interpretare le tendenze in modo originale e creativo può far emergere il tuo video nella folla.

Integra hashtag popolari e creativi nei tuoi video per aumentare la visibilità. Utilizza hashtag che sono rilevanti per il tuo contenuto e la tua nicchia. Partecipare a challenge specifici spesso richiede l'uso di hashtag specifici, che può ampliare la portata del tuo video.

Su TikTok, la velocità è essenziale. Cattura l'attenzione degli utenti nei primi secondi del tuo video. Utilizza un hook coinvolgente, che può essere una domanda intrigante, un movimento sorprendente o una scenografia accattivante.

TikTok offre una vasta gamma di effetti speciali e filtri. Sperimenta con questi strumenti per rendere i tuoi video più creativi e interessanti. Gli effetti possono dare un tocco distintivo ai tuoi contenuti e attirare l'attenzione degli spettatori.

Coinvolgi attivamente il tuo pubblico. Chiedi loro di partecipare attraverso commenti, like e condivisioni. Domande dirette o chiamate all'azione possono incoraggiare l'interazione e aumentare la possibilità di viralità.

Mentre partecipare alle tendenze è importante, cerca di trovare la tua voce creativa unica. Sperimenta con contenuti originali che si distinguano. L'originalità può spesso essere il motore di video virali.

I video non devono essere elaborati. Talvolta, la semplicità è la chiave. Contenuti accessibili e comprensibili possono connettersi meglio con un pubblico più vasto.

TikTok evolve velocemente. Mantieniti flessibile e adatta i tuoi contenuti alle tendenze emergenti. Restare aggiornato è cruciale per capitalizzare sulla viralità.

Sfruttare l'engagement è cruciale per ottimizzare la visibilità online. Creare contenuti coinvolgenti e interattivi su piattaforme sociali o siti web non solo attira l'attenzione degli utenti, ma stimola anche la condivisione e la partecipazione. La creazione di una connessione emotiva con il pubblico attraverso commenti, sondaggi o discussioni può generare un impatto duraturo. Algoritmi di molti motori di ricerca e piattaforme sociali tendono a favorire i contenuti che generano più interazione. In questo contesto, investire tempo nella costruzione di relazioni online e nell'ascolto attivo della community può tradursi in un aumento significativo della visibilità e della risonanza del marchio.

CAPITOLO 3:

Monetizzazione attraverso il Content Creation

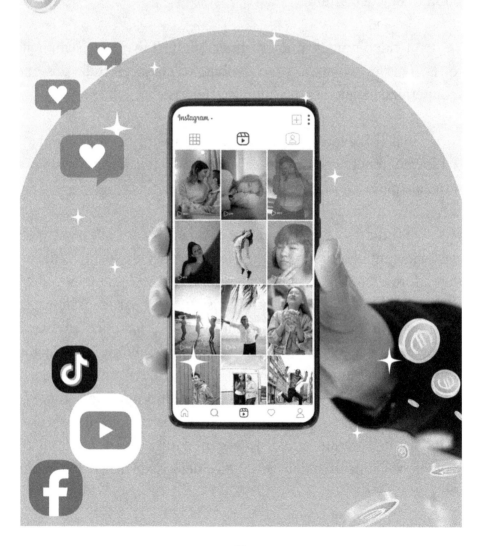

CAPITOLO 3: MONETIZZAZIONE ATTRAVERSO IL CONTENT CREATION

La monetizzazione attraverso la creazione di contenuti è diventata una via sempre più praticata e accessibile. Creatori di contenuti possono sfruttare diverse piattaforme per guadagnare, come YouTube, Patreon, blog personali e social media. Attraverso annunci pubblicitari, sponsorizzazioni, o iscrizioni a pagamento, i creatori possono generare entrate. La diversificazione delle fonti di reddito, come la vendita di merchandising o la partecipazione a eventi online a pagamento, è diventata comune. La chiave sta nell'offrire contenuti di alta qualità, costruire una community fedele e esplorare strategie di monetizzazione che rispecchino i valori del creatore e soddisfino le esigenze del pubblico.

Diventa un content creator: foto, video, blog

Diventare un content creator richiede passione, creatività e costanza. Per la fotografia, investi in una buona attrezzatura e sviluppa uno stile unico. Per i video, impara tecniche di editing e storytelling, sperimentando con piattaforme come YouTube o TikTok. Per il blogging, scegli argomenti di tuo interesse e approfondiscili con contenuti informativi ed avvincenti.

Costruisci una presenza online coerente su diverse piattaforme e interagisci con la tua audience. La chiave è la coerenza nel creare e condividere contenuti di qualità, affinché il tuo pubblico si fidelizzi nel tempo.

Collaborazioni e sponsorizzazioni

Le collaborazioni e sponsorizzazioni sono strategie efficaci per monetizzare. Collabora con brand o aziende che si allineino ai tuoi valori e interessi, costruendo partnership autentiche. La sponsorizzazione di contenuti può includere recensioni di prodotti o la partecipazione a campagne pubblicitarie. Per la vendita di prodotti o servizi, utilizza le piattaforme social per promuovere in modo creativo ciò che offri. Crea un rapporto di fiducia con il tuo pubblico, offrendo prodotti o servizi che risolvano i loro bisogni o rispecchino i loro interessi. La trasparenza è fondamentale per mantenere l'integrità della tua presenza online.

CAPITOLO 4:

Opportunità di Lavoro Freelance sfruttando i social

CAPITOLO 4: OPPORTUNITÀ DI LAVORO FREELANCE SFRUTTANDO I SOCIAL

Le opportunità di lavoro freelance sfruttando i social media sono ampie e in costante crescita. Puoi offrire servizi come social media management, content creation, graphic design o consulenza in settori specifici.

Utilizza le piattaforme social per promuovere il tuo portfolio e attrarre clienti interessati. Partecipare attivamente a gruppi e comunità online nel tuo settore può ampliare la tua rete professionale. La chiave è dimostrare le tue competenze attraverso esempi concreti e feedback positivi. Inoltre, mantieni una presenza costante per attirare nuove opportunità di lavoro e costruire una reputazione affidabile nel mondo freelance.

UGC: la nuova frontiera dei guadagni online

Il contenuto generato dagli utenti (UGC) rappresenta una nuova frontiera significativa per i guadagni online. Molte piattaforme offrono opportunità di monetizzazione attraverso UGC, consentendo agli utenti di guadagnare condividendo il proprio talento, creatività o esperienza. Questo può spaziare da creazioni artistiche a video informativi o recensioni. Le piattaforme di social media e i servizi di streaming spesso offrono programmi di partnership o modalità di guadagno tramite donazioni dirette dagli utenti. Investire nel proprio brand personale, costruire una community fedele e creare contenuti autentici sono chiavi per sfruttare appieno le opportunità di guadagno attraverso il contenuto generato dagli utenti.

UGC, o User-Generated Content, si riferisce a qualsiasi contenuto, come testi, immagini, video o recensioni, creato dagli utenti invece che dal marchio stesso. Questo tipo di contenuto è diventato estremamente rilevante nel contesto digitale poiché riflette l'esperienza autentica degli utenti e può generare maggiore coinvolgimento e fiducia da parte della community online.

Il lavoro legato all'UGC è molto richiesto e remunerativo per diverse ragioni. Innanzitutto, il contenuto generato dagli utenti aggiunge un livello di autenticità alle strategie di marketing. La pubblicità tradizionale è spesso percepita come meno credibile rispetto alle esperienze condivise dagli stessi consumatori. Pertanto, le aziende cercano sempre più modi per integrare l'UGC nelle loro campagne.

In secondo luogo, l'UGC è un modo efficace per creare una connessione emotiva con il pubblico. Quando gli utenti vedono che le loro storie e esperienze sono valorizzate e condivise, si instaura un legame più forte tra il marchio e la community. Questo coinvolgimento può tradursi in una maggiore fedeltà del cliente e in una più ampia diffusione del marchio.

Infine, la natura autentica dell'UGC si adatta bene al trend attuale di marketing. Gli utenti sono sempre più esigenti nei confronti delle aziende, alla ricerca di autenticità e trasparenza. Sfruttare l'UGC consente alle aziende di rispondere a queste aspettative, creando un impatto positivo sulla percezione del marchio.

In sintesi, la richiesta e la remunerazione del lavoro legato all'UGC derivano dalla sua capacità di offrire autenticità, coinvolgimento e connessione emotiva con il pubblico, elementi cruciali nell'attuale panorama digitale e nel marketing moderno.

Ricerca di lavori freelance attraverso social media e piattaforme specializzate

La ricerca di lavori freelance attraverso i social media e piattaforme specializzate è un approccio efficace per entrare nel settore delle consulenze online. Su piattaforme come LinkedIn, puoi creare un profilo professionale, evidenziare le tue competenze e connetterti con potenziali clienti o datori di lavoro. Partecipare a gruppi di settore e condividere regolarmente il tuo expertise può aumentare la visibilità.

Piattaforme freelance come Upwork, Freelancer o Fiverr offrono opportunità di consulenza online in vari settori. Puoi creare un profilo dettagliato, elencare le tue competenze e offrire i tuoi servizi a un vasto pubblico.

Per trovare lavoro nell'ambito dell'UGC puoi seguire diverse strategie che sfruttano le piattaforme online e le opportunità disponibili nel contesto digitale. Ecco alcuni suggerimenti:

Piattaforme Freelance: Esplora siti web freelance come Upwork, Freelancer o Fiverr. Queste piattaforme offrono spesso opportunità di lavoro nell'ambito della creazione di contenuti, inclusi testi, immagini e video generati dagli utenti.

Bacheche Lavoro Online: Verifica le bacheche lavoro online, come LinkedIn, Indeed o Glassdoor. Molte aziende cercano specialisti di contenuti digitali, e molte di queste posizioni potrebbero coinvolgere la gestione e la promozione di UGC.

Aziende di Social Media Management: Considera di applicare presso agenzie di social media management. Queste aziende spesso gestiscono i profili online dei loro clienti, inclusa la cura dell'UGC.

Piattaforme di Content Creation: Partecipa a piattaforme di content creation come Influence.co o Content BLVD, dove le aziende possono cercare collaborazioni per generare contenuti autentici.

Collaborazioni con Brand: Se hai un forte seguito sui social media o un blog, potresti essere ricercato da brand interessati a collaborazioni per la creazione di contenuti generati dagli utenti. Crea un media kit e stabilisci contatti con aziende che potrebbero essere interessate alla tua audience.

Agenzie di Marketing Digitale: Le agenzie di marketing digitale potrebbero cercare professionisti specializzati nella gestione e nell'ottimizzazione dell'UGC per i loro clienti. Invia il tuo curriculum o contattali direttamente per esprimere il tuo interesse.

Community Online: Unisciti a comunità online o forum dedicati al marketing digitale e alla creazione di contenuti. Talvolta, vengono condivise opportunità di lavoro o collaborazioni.

Networking: Partecipa a eventi del settore o conferenze, anche virtuali, per espandere la tua rete di contatti. Il networking può aprirti porte inaspettate verso opportunità di lavoro nell'ambito dell'UGC.

Portfolio Online: Mostra i tuoi precedenti lavori e competenze attraverso un portfolio online. Questo può essere un potente strumento per attirare l'attenzione dei potenziali datori di lavoro.

Ricorda di personalizzare la tua ricerca in base alle tue competenze specifiche e interessi, poiché l'UGC può coprire una vasta gamma di settori e tipi di contenuti.

Settore delle consulenze online

Nel settore delle consulenze online, stabilisci la tua presenza attraverso la condivisione di contenuti informativi, partecipazione a webinar o la creazione di corsi online. La costruzione di una reputazione solida e il networking sono fondamentali per attirare opportunità di consulenza online attraverso diverse piattaforme.

CAPITOLO 5:

Affiliate Marketing e Partnerships

CAPITOLO 5:
AFFILIATE MARKETING E PARTNERSHIPS

L'affiliate marketing e le partnership sono strategie efficaci per monetizzare online. Nel caso dell'affiliate marketing, puoi promuovere i prodotti di altre aziende e guadagnare commissioni per ogni vendita generata attraverso il tuo link affiliato. Scegli prodotti o servizi che si allineano con il tuo pubblico e i tuoi interessi per massimizzare la credibilità.

Le partnership coinvolgono collaborazioni più ampie con brand o altri creatori di contenuti. Queste possono includere sponsorizzazioni, collaborazioni in progetti specifici o costruzione di contenuti condivisi. La chiave è stabilire relazioni autentiche che offrano valore sia al tuo pubblico che al partner.

Entrambe le strategie richiedono trasparenza e autenticità per mantenere la fiducia del tuo pubblico. Seleziona prodotti o collaborazioni che rispecchino la tua brand identity e forniscano valore aggiunto ai tuoi seguaci.

Come partecipare a programmi di affiliazione

Partecipare a programmi di affiliazione è relativamente semplice e può essere una fonte di guadagno. Ecco alcuni passaggi chiave:

Trova programmi di affiliazione che si adattino al tuo settore o interessi. Amazon Associates, ShareASale, CJ Affiliate sono alcune opzioni popolari.

Accedi al sito web del programma di affiliazione scelto e segui il processo di registrazione. Solitamente, dovrai fornire informazioni di base e accettare i termini e le condizioni del programma.

Dopo l'iscrizione, esplora l'ampia gamma di prodotti o servizi disponibili nel programma. Scegli quelli che si adattano meglio al tuo pubblico e alle tue preferenze.

Per ogni prodotto o servizio selezionato, otterrai un link affiliato univoco. Questo link consente al programma di tracciare le vendite generate attraverso la tua promozione.

Utilizza il tuo link affiliato nei tuoi contenuti, come blog, social media, o email marketing. Puoi creare recensioni, tutorial o promozioni speciali per incentivare i tuoi seguaci all'acquisto.

Le piattaforme di affiliazione forniscono strumenti di monitoraggio per tenere traccia delle tue performance. Puoi vedere quanti click hai generato, le conversioni e le commissioni guadagnate.

Assicurati di rispettare le linee guida etiche e legali del programma di affiliazione. La trasparenza è fondamentale per mantenere la fiducia dei tuoi seguaci.

Quando raggiungi il limite minimo di pagamento, puoi richiedere il pagamento delle commissioni guadagnate.

Strategie per promuovere prodotti e guadagnare commissioni

Per promuovere prodotti e guadagnare commissioni attraverso programmi di affiliazione, è fondamentale adottare strategie mirate. Prima di tutto, comprensione del proprio pubblico: identificare i bisogni, gli interessi e le tendenze del proprio target permette di selezionare prodotti pertinenti. La creazione di contenuti di qualità, come recensioni, tutorial o comparazioni, offre valore aggiunto ai seguaci, aumentando la probabilità di conversione. Sfruttare le diverse piattaforme, come blog, social media o canali YouTube, consente di raggiungere un pubblico più ampio. La trasparenza nell'utilizzo dei link affiliati è cruciale per mantenere la fiducia dei follower. Infine, monitorare costantemente le performance e adattare la strategia in base ai risultati ottenuti consente di ottimizzare il rendimento nel tempo.

Collaborazioni con brand e aziende

Le collaborazioni con brand e aziende possono essere una fonte significativa di opportunità e guadagni. Ecco alcune strategie per avviare e gestire con successo tali partnership:

• Identifica brand o aziende che si allineino con i tuoi valori, interessi e il tuo pubblico di riferimento. La coerenza è fondamentale per mantenere l'autenticità della tua presenza online.

• Investi nel tuo brand personale. Costruisci un pubblico fedele attraverso contenuti di alta qualità e coinvolgenti. Le aziende sono più propense a collaborare con creatori che hanno una presenza online consolidata.

• Prepara un media kit che illustri chi sei, il tuo pubblico di riferimento, le statistiche sui tuoi follower e i risultati passati di collaborazioni. Un media kit professionale può attirare l'attenzione dei brand.

• Raggiungi proattivamente i brand che ti interessano. Invia proposte di collaborazione personalizzate, evidenziando in che modo la tua audience beneficerà dalla promozione del loro prodotto o servizio.

• Partecipa a eventi del settore; eventi, sia fisici che virtuali, offrono opportunità per connettersi direttamente con rappresentanti di brand e stabilire relazioni personali.

• Comunica chiaramente i termini della collaborazione, inclusi gli aspetti finanziari e qualsiasi requisito specifico. La trasparenza è cruciale per instaurare relazioni di fiducia.

• Offri un valore aggiunto, proposte che vadano oltre la semplice promozione. Puoi suggerire contenuti creativi, partecipazione a eventi, o coinvolgimento in iniziative che possano aumentare la visibilità del brand.

• Cerca collaborazioni a lungo termine piuttosto che singoli accordi. Costruire relazioni durature può portare a opportunità continue e maggiore stabilità nel tempo.

In breve, la chiave per collaborazioni di successo è la coerenza, la trasparenza e la capacità di offrire un valore tangibile ai brand con cui lavori.

Come richiedere una collaborazione in maniera efficace tramite mail

Ecco una guida su come strutturare una richiesta professionale e convincente:

Oggetto: Proposta di Collaborazione Professionale

Saluto:
Inizia con un saluto formale. Se conosci il nome del destinatario, usa "Caro [Nome del Destinatario]" o "Salve [Nome del Destinatario],".

Introduzione:
Presentati brevemente e condividi informazioni rilevanti sulla tua attività o presenza online. Spiega perché ritieni che una collaborazione sarebbe vantaggiosa per entrambe le parti.

Motivazione della Collaborazione:
Spiega perché hai scelto di contattare quel brand specifico. Mostra comprensione per il loro prodotto o servizio e come potrebbe integrarsi naturalmente con il tuo pubblico.

Proposta di Valore:
Descrivi come immagini la collaborazione e quali benefici potrebbe portare al brand. Puoi includere idee di contenuti, campagne o iniziative specifiche.

Dati Statistici:

Se hai dati significativi sul tuo pubblico, inclusi follower, interazioni o risultati di collaborazioni precedenti, condividili in modo trasparente. Questi dati possono rafforzare la tua credibilità.

Chiarezza sui Dettagli:

Fornisci informazioni chiare sulla durata della collaborazione, eventuali condizioni o richieste specifiche da parte tua o del brand, nonché gli aspetti finanziari, se applicabili.

Chiusura:

Ringrazia per il tempo dedicato alla lettura della tua proposta e sottolinea il desiderio di discutere ulteriormente la possibilità di una collaborazione. Fornisci i tuoi contatti per semplificare la comunicazione.

Firma:

Concludi con un saluto formale come "Cordiali saluti" o "Distinti saluti," seguito dal tuo nome completo e informazioni di contatto.

Ricorda di personalizzare la tua email in base al brand e di evidenziare in modo unico i motivi per cui una collaborazione sarebbe benefica per entrambe le parti. La chiarezza e la professionalità sono fondamentali.

CAPITOLO 6:

Educazione online e consulenze

CAPITOLO 6: EDUCAZIONE ONLINE E CONSULENZE

In questo capitolo approfondiremo la strategia essenziale di creazione e promozione di corsi online. La chiave per il successo risiede nell'identificazione accurata del pubblico di riferimento e nella progettazione di contenuti accattivanti e informativi. Utilizzando piattaforme consolidate come Udemy o Coursera, potrai massimizzare la visibilità dei tuoi corsi.

L'implementazione di efficaci strategie di marketing digitale, come l'uso sapiente dei social media, l'email marketing e le collaborazioni con figure di spicco nel settore, sarà cruciale per la promozione dei tuoi corsi online. Attraverso questa approfondita analisi, sarai in grado di creare un percorso formativo che non solo soddisfi le esigenze del tuo target, ma che si distingua nella vasta offerta di corsi online disponibili.

Creazione e promozione di corsi online

Per promuovere con successo i tuoi corsi online, è fondamentale adottare una strategia di marketing digitale completa. Utilizza i social media per creare una presenza online, condividendo contenuti rilevanti e coinvolgenti per il tuo pubblico di riferimento. Sfrutta le potenzialità dell'email marketing per mantenere un contatto regolare con gli iscritti e fornire aggiornamenti sui tuoi corsi.

Investi nella creazione di contenuti di qualità, come blog post, video tutorial o webinar gratuiti, per dimostrare l'expertise del tuo corso.

Collabora con influencer o figure di autorità nel tuo settore per aumentare la visibilità. Offri sconti o promozioni temporanee per stimolare l'iscrizione.

Infine, ottimizza la presenza sui motori di ricerca per garantire che i tuoi corsi siano facilmente rintracciabili online.

Un approccio integrato che combini questi elementi contribuirà a una promozione efficace e al successo dei tuoi corsi online.

Offerta di servizi di consulenza

Nel contesto dell'Educazione Online e Consulenze, la fornitura di servizi di consulenza rappresenta un elemento cruciale per guidare gli studenti verso il successo. Offrire consulenze personalizzate consente di adattare l'apprendimento alle esigenze specifiche degli individui, facilitando un percorso formativo più efficace. La consulenza può comprendere sessioni one-to-one, valutazioni personalizzate delle competenze e supporto continuo per risolvere eventuali sfide incontrate durante il corso. È fondamentale instaurare un rapporto di fiducia con gli studenti, incoraggiandoli a esplorare le proprie potenzialità e a superare eventuali ostacoli. La qualità dei servizi di consulenza può contribuire in modo significativo al successo complessivo del programma formativo, offrendo un valore aggiunto e promuovendo un ambiente di apprendimento inclusivo e motivante.

Utilizzo di webinar e lezioni virtuali

L'utilizzo di webinar e lezioni virtuali rappresenta un approccio dinamico ed efficace nell'ambito delle consulenze e dell'educazione online. I webinar consentono di stabilire una connessione diretta con gli studenti, offrendo un'interazione in tempo reale e l'opportunità di rispondere alle domande in modo immediato.

Le lezioni virtuali, mediante piattaforme di videoconferenza, amplificano l'esperienza di apprendimento, consentendo agli studenti di partecipare da qualsiasi luogo. Queste sessioni possono includere presentazioni interattive, discussione di casi pratici e attività di gruppo, promuovendo un coinvolgimento attivo.

L'utilizzo di strumenti tecnologici avanzati per webinar, come la condivisione dello schermo e la chat in tempo reale, amplifica ulteriormente l'efficacia delle lezioni virtuali, creando un ambiente formativo più dinamico e partecipativo. Integrare webinar e lezioni virtuali nella tua offerta formativa può migliorare significativamente l'esperienza di apprendimento degli studenti e contribuire al successo complessivo del programma di educazione online e consulenza.

CAPITOLO 7:

Vendita di Prodotti Online

CAPITOLO 7: VENDITA DI PRODOTTI ONLINE

In questo capitolo ci concentreremo sulla vendita di prodotti online, esplorando le strategie chiave per creare un business di successo sul web. Dalla scelta delle piattaforme di e-commerce alle tecniche avanzate di ottimizzazione delle conversioni, affronteremo gli elementi essenziali per la vendita online. Esamineremo in dettaglio l'importanza di una user experience intuitiva, l'ottimizzazione per i motori di ricerca e l'uso di strategie di marketing digitale mirate. Attraverso l'integrazione di approcci innovativi come la personalizzazione dell'esperienza d'acquisto e la gestione efficace delle recensioni dei clienti, sarai in grado di creare una presenza online forte e aumentare la fiducia dei consumatori.

Opzioni di e-commerce, come il dropshipping

All'interno delle molteplici opzioni di e-commerce, il dropshipping si distingue come un modello innovativo e a basso rischio. Nel dropshipping, il venditore non detiene fisicamente i prodotti, ma li acquista direttamente dal fornitore al momento dell'ordine. Questo elimina la necessità di gestire un inventario, riducendo notevolmente i costi operativi iniziali. Tuttavia, è essenziale selezionare fornitori affidabili per garantire la qualità e la tempestività delle consegne.

La chiave del successo nel dropshipping risiede nella selezione di nicchie di mercato redditizie, una solida gestione del rapporto con i fornitori e una strategia di marketing digitale efficace per attirare clienti.

Nonostante alcune sfide, come la concorrenza acerrima, il dropshipping può rappresentare un'opzione interessante per coloro che cercano di avviare un'attività di e-commerce con un investimento iniziale limitato.

Vendita di prodotti digitali

La vendita di prodotti digitali emerge come una delle opzioni più accessibili e convenienti nell'ambito dell'e-commerce. Questa via è particolarmente agevole per diverse ragioni. In primo luogo, i prodotti digitali, come eBook, corsi online, software e file scaricabili, non richiedono la gestione fisica di inventari o la spedizione di merci tangibili. Ciò riduce notevolmente i costi operativi e semplifica il processo di vendita. In secondo luogo, la distribuzione digitale consente un accesso immediato ai prodotti per i clienti, migliorando l'esperienza d'acquisto e consentendo ai venditori di raggiungere un pubblico globale senza le limitazioni fisiche legate alla spedizione. Infine, la versatilità dei prodotti digitali permette ai creatori di esprimere la propria creatività in vari settori, raggiungendo una vasta gamma di consumatori. In sintesi, la vendita di prodotti digitali offre un percorso più agevole, flessibile e conveniente nel contesto dell'e-commerce.

Creazione di un negozio online attraverso i social media

La creazione di un negozio online attraverso i social media può essere un efficace punto di partenza per chi desidera avviare un'attività di e-commerce in modo rapido ed economico. Utilizzando piattaforme come Facebook, Instagram o Pinterest, puoi creare un negozio integrato direttamente sulla pagina aziendale.

Carica immagini accattivanti dei tuoi prodotti, aggiungi descrizioni dettagliate e implementa funzionalità di shopping per consentire agli utenti di acquistare direttamente tramite i social media. Sfrutta le opzioni di targeting degli annunci per raggiungere il tuo pubblico di riferimento in modo mirato. Inoltre, incoraggia l'interazione con i clienti attraverso commenti e messaggi diretti. Integrare il tuo negozio online con i social media non solo espone i tuoi prodotti a una vasta audience, ma facilita anche il coinvolgimento e la fidelizzazione dei clienti attraverso una presenza online dinamica e interattiva.

Promozione di prodotti fatti in casa

La creazione di prodotti fatti in casa è un'opzione affascinante che offre un tocco personale e unicità ai tuoi articoli. Per iniziare, identifica il tipo di prodotti che desideri realizzare, come gioielli, accessori, oggetti per la casa o prodotti cosmetici artigianali. Acquista materiali di qualità e investi tempo nello sviluppo delle tue abilità artigianali. Successivamente, crea un ambiente di lavoro dedicato e organizzato per massimizzare la produzione. La presentazione è fondamentale, quindi fai attenzione all'imballaggio e alla presentazione visiva dei tuoi prodotti.

Per promuovere la tua attività, utilizza i social media e piattaforme di e-commerce per condividere la tua storia e mostrare il processo creativo. Coinvolgi la tua rete personale e partecipa a fiere o mercati locali per aumentare la visibilità.

Creare prodotti fatti a mano non solo ti offre la possibilità di esprimere la tua creatività, ma anche di costruire una connessione speciale con i clienti che apprezzano l'artigianato autentico e l'originalità.

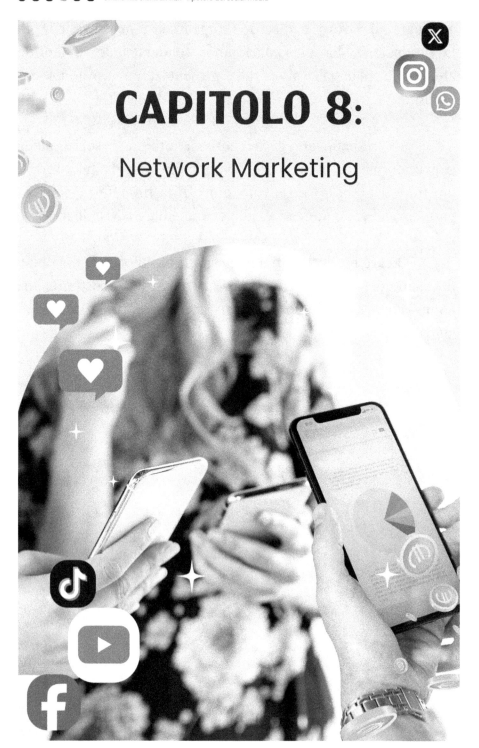

CAPITOLO 8:

Network Marketing

CAPITOLO 8:
NETWORK MARKETING

Il network marketing, noto anche come multilevel marketing (MLM), offre una serie di opportunità uniche che lo rendono una scelta attraente per molte persone. Nonostante le critiche e le controversie che circondano questo settore, esistono validi motivi per cui intraprendere un'attività di network marketing può essere una decisione vantaggiosa. In questo capitolo esploreremo i principali motivi che spingono molte persone a scegliere questa strada, analizzando i benefici potenziali e le opportunità offerte.

Cos'è il network marketing e perché non va sottovalutato come business

Uno dei principali vantaggi del network marketing è la flessibilità che offre. Questa attività consente di lavorare secondo i propri orari, permettendo di bilanciare gli impegni lavorativi con quelli personali. Per coloro che hanno responsabilità familiari, studenti o chiunque desideri un lavoro che non richieda un impegno a tempo pieno fisso, il network marketing rappresenta una soluzione ideale. La possibilità di lavorare da casa o da qualsiasi luogo con una connessione internet aggiunge ulteriore libertà.

A differenza di molte occupazioni tradizionali con uno stipendio fisso, nel network marketing il potenziale di guadagno è teoricamente illimitato. I guadagni dipendono direttamente dall'impegno e dall'abilità dell'individuo nel costruire e gestire la propria rete. Questo modello premia l'intraprendenza e la perseveranza, offrendo l'opportunità di ottenere guadagni significativi attraverso vendite dirette e commissioni derivanti dalle vendite del proprio team.

Iniziare un'attività di network marketing richiede generalmente un investimento iniziale molto inferiore rispetto all'avvio di un'attività tradizionale. L'investimento di solito copre un kit di avviamento con prodotti e materiale di marketing. Questa accessibilità finanziaria lo rende una scelta attraente per chiunque desideri avviare un'attività imprenditoriale senza dover impegnare grandi capitali.

Le aziende di network marketing spesso offrono programmi di formazione completi per i loro affiliati. Questi programmi includono corsi di vendita, marketing, gestione del tempo e sviluppo delle capacità di leadership. L'opportunità di imparare nuove competenze e crescere personalmente e professionalmente è un grande incentivo per molti. Inoltre, le competenze acquisite sono trasferibili e possono essere utili in altre aree della vita e della carriera.

Il network marketing promuove un ambiente di lavoro collaborativo e di supporto. Gli affiliati lavorano insieme, condividono strategie di successo e si incoraggiano a vicenda. Questa comunità offre supporto emotivo e pratico, creando un senso di appartenenza e motivazione. La possibilità di costruire relazioni significative e lavorare con persone che condividono obiettivi comuni è un aspetto molto apprezzato.

Molte aziende di network marketing offrono prodotti di alta qualità, spesso non disponibili nei normali canali di distribuzione. Gli affiliati non solo possono acquistare questi prodotti a prezzi scontati per uso personale, ma possono anche essere orgogliosi di promuoverli, sapendo che stanno offrendo valore ai loro clienti. Questa fiducia nei prodotti facilita il processo di vendita e migliora la soddisfazione del cliente.

Le aziende di network marketing spesso offrono incentivi aggiuntivi come viaggi, premi, bonus e riconoscimenti per i risultati raggiunti. Questi incentivi non solo rappresentano un ulteriore guadagno economico, ma fungono anche da potente motivatore, riconoscendo e premiando l'impegno e il successo.

Il network marketing permette di essere il proprio capo, gestire la propria attività e prendere decisioni autonome. Questa indipendenza imprenditoriale è estremamente gratificante per coloro che desiderano sfuggire alla rigidità del lavoro tradizionale e avere il controllo del proprio destino professionale.

Sebbene il network marketing non sia privo di sfide e richieda impegno e dedizione, i suoi numerosi vantaggi lo rendono una scelta attraente per molte persone. La flessibilità, le opportunità di guadagno illimitato, i bassi costi di avviamento, la formazione continua, il supporto della comunità, l'accesso a prodotti di qualità, gli incentivi e la possibilità di sviluppare un'attività indipendente sono tutti motivi validi per considerare questa carriera. Tuttavia, è fondamentale avvicinarsi al network marketing con realismo, scegliendo attentamente l'azienda e il prodotto giusto, e dedicandosi con costanza e professionalità per massimizzare le opportunità di successo.

Il network marketing è sicuramente un'opportunità da prendere in considerazione se si vuole lavorare da casa.

Ha un modello di business in cui i rappresentanti promuovono e vendono prodotti direttamente ai consumatori, ma reclutano anche nuovi rappresentanti creando una rete di distributori. Questo modello offre opportunità significative per coloro che cercano di avviare un'attività senza la necessità di investimenti iniziali considerevoli. La forza del network marketing risiede nella crescita esponenziale della rete, consentendo ai rappresentanti di generare reddito attraverso le vendite personali e quelle della propria squadra. Tuttavia, è importante comprenderne i meccanismi, evitando schemi piramidali illegittimi. Il network marketing, se gestito correttamente, può offrire una via di sviluppo imprenditoriale dinamica e remunerativa, in cui il successo individuale è strettamente legato alla capacità di costruire e gestire relazioni solide.

Detto ciò, è importante considerare che il successo nel network marketing non è garantito e dipende da vari fattori, tra cui il modello di business dell'azienda, la qualità dei prodotti, l'efficacia della strategia di marketing e, soprattutto, l'impegno e le competenze dell'individuo. Inoltre, ci sono critiche e controversie legate al network marketing, soprattutto riguardo alle strutture di compensazione e alla sostenibilità a lungo termine per tutti i partecipanti.

Come sfruttare i social per guadagnare con il network marketing

Sfruttare i social media in modo efficace può essere una leva potente per guadagnare con il network marketing. Inizia creando un profilo professionale che rifletta la tua attività nel network marketing. Utilizza piattaforme come Facebook, Instagram e LinkedIn per condividere contenuti pertinenti riguardo ai prodotti o servizi che offri.

Crea una presenza autentica e coinvolgente, mostrando testimonianze, dimostrazioni dei prodotti e successi personali. Utilizza le funzionalità di live streaming per interagire in tempo reale con il tuo pubblico, rispondendo a domande e presentando le opportunità di business. Sfrutta gli annunci mirati per raggiungere persone interessate al network marketing e coinvolgi la tua rete attraverso gruppi e comunità online.

La costruzione di relazioni autentiche è fondamentale: ascolta i tuoi seguaci, rispondi alle loro esigenze e condividi storie di successo per ispirare fiducia. In questo modo, i social media diventano un veicolo efficace per ampliare la tua rete, raggiungere nuovi potenziali clienti e costruire una presenza online solida nel contesto del network marketing.

Per promuovere i tuoi prodotti, in questo caso sfruttando Facebook Ads in modo efficace, segui questi passaggi:

Identifica il tuo pubblico di riferimento: Utilizza le opzioni di targeting di Facebook per definire chiaramente il tuo pubblico. Considera fattori come età, interessi, localizzazione geografica e comportamenti online.

Crea annunci visivamente accattivanti: Utilizza immagini o video di alta qualità per presentare i tuoi prodotti in modo attraente. Assicurati che gli annunci rispecchino il tuo marchio e siano coerenti con il messaggio che desideri comunicare.

Scrivi testi persuasivi: Accompagna le immagini con testi persuasivi che evidenzino i vantaggi distintivi dei tuoi prodotti. Usa una call-to-action chiara e coinvolgente per spingere le persone a interagire con il tuo annuncio.

Sfrutta le opzioni di targeting avanzate: Usa le opzioni di targeting avanzate di Facebook per focalizzare la tua pubblicità sul pubblico più interessato. Puoi anche creare annunci personalizzati per utenti che hanno già interagito con la tua pagina o il tuo sito web.

Impiega il pixel di Facebook: Installa il pixel di Facebook sul tuo sito web per tracciare le interazioni degli utenti. Questo ti consentirà di ottimizzare le campagne pubblicitarie in base alle conversioni effettive e ottenere dati utili per futuri targeting.

Gestisci il budget in modo intelligente: Stabilisci un budget quotidiano o totale per la tua campagna e monitora attentamente le prestazioni. Testa diverse varianti degli annunci per identificare quali funzionano meglio e ottimizza di conseguenza.

Crea offerte speciali: Per incentivare l'acquisto, considera l'opzione di offerte speciali o sconti esclusivi per chi interagisce con i tuoi annunci. Questo può aumentare l'attrattiva dei tuoi prodotti.

Analizza i risultati: Utilizza gli strumenti di analisi di Facebook per valutare le performance delle tue campagne. Analizza metriche come CTR (Click-Through Rate), CPC (Cost Per Click) e conversioni per comprendere l'efficacia delle tue strategie pubblicitarie e apporta eventuali correzioni.

Se vuoi saperne di più sul network che ho scelto io dopo un'accurata selezione, clicca su questo **link**.

CONCLUSIONE

CONCLUSIONE

Guadagnare da casa attraverso i social media rappresenta una rivoluzione nel mondo del lavoro. La possibilità di trasformare la propria passione e creatività in una fonte di reddito è più accessibile che mai. Tuttavia, è importante ricordare che il successo in questo campo richiede impegno, pazienza e una strategia ben definita.

Il mondo dei social media è in continua evoluzione. Algoritmi cambiano, nuove piattaforme emergono e le tendenze si trasformano rapidamente. Per avere successo, è fondamentale rimanere aggiornati e adattarsi ai cambiamenti. Sperimentare nuove strategie, studiare le tendenze del mercato ed essere pronti a innovare sono atteggiamenti chiave per mantenere la propria rilevanza e competitività.

Questo non è un percorso privo di sfide, ma con la giusta mentalità e determinazione, potrai raggiungere risultati straordinari. Ricorda che il successo non arriva dall'oggi al domani, richiede tempo, dedizione e la capacità di imparare dai propri errori. Ogni piccolo passo avanti è un progresso verso i tuoi obiettivi.

In questo eBook ti ho fornito una panoramica su come sfruttare al meglio i social media per guadagnare da casa. Hai appreso le basi, esplorato strategie avanzate e scoperto come mantenere la sostenibilità del tuo business nel lungo termine. Ora, è il momento di mettere in pratica ciò che hai imparato. Prendi il controllo del tuo futuro finanziario, sfrutta la potenza dei social media e inizia a costruire la tua strada verso il successo.

Ricorda, ogni grande viaggio inizia con un singolo passo. Sei pronto a fare il primo passo verso il tuo successo sui social media? Il futuro è nelle tue mani. Adesso che hai una panoramica completa e strumenti giusti, da dove vuoi iniziare?

Buona fortuna!